Få budskapet att fästa

71 tips för din pitch, presentation och tal

Carina Ridenius

Få budskapet att fästa

71 tips för din pitch, presentation och tal

Bild s. 10: KB4Images.com
Övriga bilder: Pixabay.com

Förlag: BoD – Books on Demand, Stockholm, Sverige
Tryck: BoD – Books on Demand, Norderstedt, Tyskland

ISBN: 978-91-7851-002-3

Innehåll

Inledning

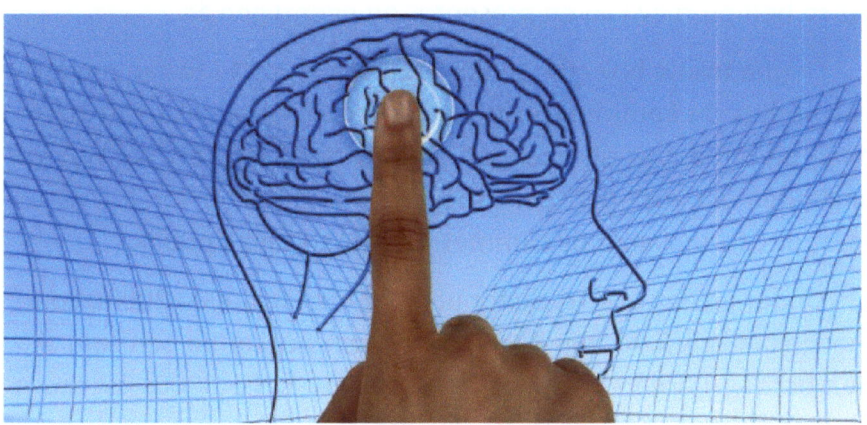

I vårt informationsrika samhälle presenterar vi alla någon gång. En del utav oss gör det nästan varje dag i olika sammanhang och en del bara någon gång ibland. Oavsett hur många gånger vi gör det, så behöver vi faktiskt tänka efter före vad det är vi vill få sagt och vilken information vi vill ska nå våra mottagare.

Det här är den sista boken av tre som behandlar presentation, information och kommunikation utifrån vad du själv behöver göra för att nå ut med ditt budskap. Den första boken heter "Presentationsteknik är kropp, knopp och nerver" (2018) och behandlar hur du stärker dig själv mentalt inför din presentation och hur du blir ditt allra bästa autentiska jag. Den andra boken "Spana, utvärdera, informera" (2019) handlar om hur du levererar rätt information till rätt person och hur du analyserar information för att nå ut till din målgrupp. Dessa delar är hämtade ur en mycket större kaka, eller presentationsteknikstårta, som jag brukar kalla den. Denna tårta kom till då jag skulle föreläsa för unga studenter i presentationsteknik. Mina funderingar gällde hur jag skulle få dem att se helheten av vad en presentation egentligen är.

Denna tredje bok går igenom de sista bitarna i tårtan med fokus på hur du kommunicerar ut ditt budskap på olika sätt beroende på om det är en pitch, en presentation eller ett tal. Hur du använder din röst och din kroppskommunikation för att nå ut samt ditt förhållande till rummet och din tilltänka publik.

Under en dag utsätts du för ungefär mellan 3000 - 20000 kommersiella intryck. Många tusen saker som pockar på och som ska bearbetas. Hjärnan klarar av att bearbeta cirka 3000. Av dessa 3000 registrerar du mellan 70 - 80 intryck, av dessa är det cirka 12 som gör ett djupare intryck på dig och i slutändan är det endast 2 av 3000 intryck som du kommer ihåg om någon frågar dig en tid efteråt. Visst skulle väl du vilja vara något utav de där 2 intrycken som din mottagare kommer ihåg?

Men hur får du ditt budskap att fästa hos din motpart?

Hur ska du få till en träffande pitch, vara fokuserad och informativ i din presentation, vara slagfärdig och humoristisk i ditt tal och vad gör du när tekniken inte beter sig så som du vill?

I den här boken får du ett 70-tal både snabba tips och råd, men även mer långsiktiga, där det krävs att du avsätter lite mer tid.

Att arbeta med sin pitch, presentation och tal handlar om hur du kan skaffa dig nya och fler kunder, få investerare till ditt projekt, produkt eller tjänst och vara avslappnad och njuta i stunden du gör det. Det handlar om både att presentera sig själv, presentera på bästa sätt inför din arbetsgrupp, ledningsgrupp eller i något annat större sammanhang, som till exempel en mässa.

För oavsett om du pitchar, presenterar eller håller tal så är ursprunget detsamma, det vill säga retoriken. Läran om talekonsten. Inom retoriken övar du upp din språkliga förmåga att kunna debattera och lägga fram ditt ord på ett betydelsefullt och övertygande sätt.

Är då inte presentationsteknik och retorik samma sak? Nej, blir svaret då. Retorik är läran om talekonsten och vad ett tal består utav. Innehållet i det du säger och att det förs fram i en specifik ordning för att det ska vara både tilltalande, slagkraftigt och att du som talare ska övertyga din motpart i ditt tal. Retorik används först och främst inom tre områden; juridik, politik och att hålla ett tal, till exempel ett högtidstal vid bröllop.

Retoriken är ett ämnesområde som det historiskt sett var mycket viktigt att behärska, men allt eftersom vårt samhälle förändras och framförallt sedan andra världskrigets slut, med snabb utveckling på kommunikationsområdet, så räcker det inte längre till med att enbart använda retorik. Det vill säga det räcker inte bara att tala, utan vi behöver kommunicera med både vår röst med satsmelodi, tonhöjd och kvalitet samt kroppskommunikation med ansiktsuttryck och mimik för att nå ut.

I dagens ständiga informationsflod handlar det om att vara den person som helt enkelt kommunicerar på bästa sätt. Det handlar inte om att prata högst eller att ha det bästa bildspelet med de häftigaste bilderna, utan om dig själv.

Till skillnad från retoriken där det är själva talet och dess upp-byggnad som är det viktigaste, så är det inom pitch- och presen-tationsteknik du själv som är i fokus. Din talröst med bland annat din satsmelodi och tonhöjd och som utgör nästan 40% av din pre-sentation och ditt kropps- och ansiktsuttryck med gester och mi-mik som utgör över hälften av din presentation.

Hur du kommunicerar med din röst och kropp kan vara skill-naden mellan att nå fram med ditt budskap och få det att fästa eller att förbli en i mängden och budskapet blir bortglömt. För visst vill väl *du* vara ett av de där 2 ihågkomna intrycken av de 3000 som vi utsätts för varje dag?

Så varsågod - ta en tårtbit till!

1. Pitchen

Vad är skillnaden mellan pitch och presentation?

Pitch, är en kort, muntlig beskrivning av dig själv, din tjänst eller produkt där du talar om dina fördelar gentemot dina konkurrenter. Det är inte i själva pitchögonblicket som du säljer, utan det är då du ska fånga din motparts intresse. Syftet med din pitch ska vara att du fångar åhörarnas uppmärksamhet, ökar deras intresse för dig och att de ser fördelarna med din tjänst och produkt.

Presentationen är ett längre anförande, där du utvecklar dina tankar och idéer. Du kan visa bilder, rita på whiteboard, blädderblock eller ta med något som din publik får känna eller smaka på.

Den amerikanske talskrivaren, kolumnisten, föreläsaren och författaren av flertalet böcker i affärsmetodik Daniel Pink, menar att vi behöver se på affärer och försäljning med nya ögon. Han påpekar hur viktig din pitch är och hur du med den kan övertyga genom att se det från din mottagares perspektiv. Han förespråkar därför olika sätt att pitcha på, beroende på var, när och hur du gör det. I detta kapitel ska vi gå igenom pitchen och titta närmare på fyra olika pitchtyper, som du kan använda dig utav vid olika tillfällen, beroende på vem du pitchar för och vad du vill få sagt.

Pitchens historia

Hisspitchen, som är den mest vanliga korta pitchen, har egentligen en ganska lång historia. Den första så kallade hisspitchen "föddes" närmare bestämt 1853. Varför just detta exakta årtal? Jo, i Amerika fanns en man vid namn Elisha Otis. Han var mångsysslare och uppfinnare. Vid den här tiden började man bygga allt högre och högre hus, i bland annat New York, men hissanordningarna var tyvärr inte utvecklade för dessa höga byggnader, utan var ganska så primitiva. Hissen bestod i princip av en platta med vajrar, som drogs upp och ned i ett hisschakt. När du åkte skulle du dessutom ha tur som kom helskinnad både upp och ner, såvida vajern inte gick av. Vilket var mycket vanligt.

Elisha Otis hade lösningen på problemet. Han hade uppfunnit en konstruktion där han fäste en bladfjäder ovanpå plattformen och installerade kuggstänger i schaktet, så om vajern gick av skulle spärrhakar aktiveras automatiskt och hindra hissen att störta. Otis insåg att hans uppfinning hade stor potential och kunde både rädda liv och spara pengar.

Tyvärr var det ingen som riktigt intresserade sig för hans uppfinning, varken politiker eller byggherrar. De var mycket skeptiska. Elisha Otis tröttnade på att inte få gehör. Olyckorna i de gamla hissarna var ganska så vanliga, men han visste att om han bara fick någon som intresserade sig för hans uppfinning, så skulle det kunna lösa många problem.

Han var tvungen att visa vad hans uppfinning gick för, så han hyrde en stor lokal med högt i tak i New York. Byggde med hjälp av sin assistent upp sin hissanordning i lokalen med ett schakt med höj- och sänkbar plattform. Bjöd in de personer han visste han behövde nå och påverka och demonstrerade helt enkelt sin hisskonstruktion.

Han lät sig hissas upp i schaktet till dess högsta punkt och när han var som högst bad han sin assistent att hugga av vajern som höll uppe hissen. Publiken drog efter andan när plattformen föll, men blev lika häpna när säkerhetsbromsen utlöstes efter några sekunder och fick stopp på hissen och Otis fortfarande var vid liv.

Genom denna demonstration av en säker hiss för människor och på det sättet vi idag kallar pitch, så fick Elisha Otis sitt budskap att fästa på ett enkelt och effektivt sätt. Världens första "hiss-pitch" såg dagens ljus.

Idag är Otis hissar en av världens största konstruktörer och le-verantörer av transportsystem; hissar, rulltrappor och rullband. Deras konstruktioner finns installerade i världsberömda byggna-der såsom Eiffeltornet i Paris och Jesusstatyn i Buenos Aires och på många, många fler ställen.

Fyra olika pitchtyper

Hisspitchen

Många tror att det är den korta pitch du ska åstadkomma när du möter personen med stort P och som du vill ska intressera sig för dig, din produkt eller tjänst. Många tror också att de ska ladda pitchen med så mycket information som det bara går. Men det är precis tvärtom.

Hisspitchen är en mycket kort presentation, allt från en halv minut till max 5 minuter, där du förklarar vad du arbetar med och vilken nytta dina kunder har utav dig. Den ska vara lockande och fungera som intresseväckare. Åhöraren ska lockas till att vilja veta mer, få mer information från dig och vilja fortsätta samtalet vid ett senare tillfälle. En hisspitch är en fantastisk möjlighet att utbyta visitkort för att sedan kunna återkomma till varandra och få till ett möte.

Ettordspitchen

Kan det vara så kort? Jajamensan. I en värld där information strömmar i överflöd och koncentrationsförmågan inte alltid är på topp så kan ett ord vara helt perfekt. Du kanske tycker att ettordspitchen är alldeles för enkel, men då underskattar du att det kan ta lång tid att formulera en sådan pitch. Den ska innefatta allt det företaget står för både när det gäller produkt/tjänst och förtroende. Den ska vara tydlig och tydlighet kräver disciplin.

Hur tar du då fram en ettordspitch? Enligt Daniel Pink är det bästa du kan göra är att skriva ned en pitch på 50 ord, halvera den sedan till 25 ord och till sist 6 ord. Något av dessa ord som du nu har kvar är din ettordspitch. Genom att bryta ner det på detta sätt finner du enklast det ord som är ditt och genomsyrar din verksamhet.

En ettordspitch ska verkligen skapa engagemang och intresse. Välj rätt ord och du kan gå långt. Ett exempel på effektiv ettordspitch enligt Daniel Pink var Barack Obamans presidentkampanj 2012, med det enda ordet: Forward.

Frågepitch

Varför ska alltid du sitta inne med svaren, när du kan påverka dina åhörare genom att ställa frågor till dem? Frågor lockar till svar, det kan vara antingen att de svarar högt eller tyst för sig själva. Avsikten med frågan är att åhöraren själv ska komma fram till det argument som du vill framhålla. Det kräver ansträngning, tankekraft och dina åhörare måste bearbeta ditt budskaps innehåll.

Genom att du får dina åhörare att anstränga sig lite mer, upplever de att de kommer på sina egna skäl att tro på dig och blir intresserade. Du upplevs övertygande och åhörarna är beredda att agera på ditt budskap.

Rimpitchen

Rimma är mumma för hjärnan. Rimpitchen kan verka något löjlig, men för forskare inom lingvistik och kognition är det helt rätt. De kallar det "bedömningsprocess", det vill säga den process hur enkelt våra hjärnor bearbetar stimuli. Ett rim förstärker bedömningsprocessen hos dina lyssnare, så att ditt budskap stannar kvar, till skillnad från dina konkurrenters. Ett rim går direkt in i hjärnan och vår mänskliga hjärna sätter likhetstecken mellan smidighet och riktighet. Det innebär att rim kan förstärka ett påstående. Du sticker ut från mängden och blir ihågkommen.

Rimpitchen är något som har använts som slogan inom reklambranschen i många, många år och fungerat. Det är dessa slogans vi minns bäst. Från 1920-talet kommer denna rimpitch: "Tag det rätta, tag Cloetta!" Här är ytterligare ett exempel på en rimpitch för chokladen Mazetti från 1950-talet "Killar med sprätt i gillar Mazetti".

Rimpitchen är också den pitch som lättast kan fyllas med både klokskap och humor. För egen del låter mina rimpitchar i pitchteknik så här; "Pitcha rätt och slätt" och "Avoid the ditch - get a perfect pitch". Visst förstår du vad jag menar?

Det enda som sätter stopp för din rimpitch är din fantasi.

Röstläge och kroppsspråk

Rösten och kroppsspråket är två delar som också ingår i ett vinnande pitchkoncept. Du behöver kunna variera ditt röstläge och tempo när du talar. Oftast pratar vi för snabbt, vilket ökar risken att din pitch inte blir tillräckligt tydlig. Du själv som person kan också uppfattas som uppjagad och stressad. Sakta hellre ner på ditt taltempo. Vet du med dig att du inte har så mycket tid på dig när du ska pitcha, välj noga ut vad du vill få sagt. Hellre långsammare och tydligare i ditt tal än snabbt bara för att du vill få sagt så mycket som möjligt.

Du ska också vara engagerad i ditt kroppsspråk och i din ansiktsmimik. En engagerad person som har både kroppsspråk och mimik med sig säger så mycket mer, än en person som bara pratar och där kropp och mimik inte följer med.

Tänk på att le och att ditt leende ska träffa dina ögon. Då förstår dina åhörare hur mycket du brinner för det ämne du pratar om. Glöm inte din kropp, dina armar, händer och hur du står. Din kropp signalerar mer än vad du tror och ditt engagemang ska synas genom hela din pitchning.

Hur du pitchar bestäms av var, när, och för vem du gör det. Arbeta med olika typer av pitchar för olika tillfällen, men som innehåller samma budskap. Du och ditt företag blir tydligt och stringent och kommer att uppfattas förtroendeingivande.

Här kommer några situationer där du kan pröva ut olika sorters pitchar och vilken som passar bäst.

Välj rätt pitch

✓ Stå på mässa: Här kan du använda både hiss- och ettordspitch. Ettordspitchen kan du dessutom ha som rubrik i din monter och på ditt tryckta material.

✓ Ringa kalla samtal: Använd frågepitchen. Det sätter igång en beslutsprocess hos din blivande kund.

✓ Pitcha inför investerare, affärsnätverk och kundpresentation: Pröva gärna att avsluta din pitch med att rimma. Är ni flera som pitchar vid samma tillfälle lär du vara den åhörarna kommer ihåg bäst.

I detta kapitel har du fått insikt om hur olika pitchar fungerar och när du kan använda vad. Vi har också nämnt hur viktigt det är att du har en engagerad röst och hur viktigt det är att du är aktiv i ditt kroppsspråk.

I nästkommande kapitel om presentationsteknik ska vi prata mer om hur du bör arbeta med din talröst och din kroppskommunikation för att få ditt budskap att fästa.

2. Presentationen

Vårt mål med vår presentation är att få budskapet att fästa hos vår motpart. Så att de är villiga att investera både tid och pengar i idén, projektet eller vad du nu vill nå ut med.

Till en början finns det 3 viktiga frågor som du som talare/presentatör behöver ställa dig innan du påbörjar arbetet med din presentation:

- Vilka är min målgrupp?
- Vilken information har de behov av?
- Och den viktigaste frågan; Vilken information behöver de <u>inte</u> ha just nu?

En presentation består egentligen av flera delar och detta kapitel är indelat så du kan använda det som en helhet för din presentation, men också att du kan plocka dina egna "russin ur kakan" beroende på vad du vill utveckla hos dig själv.

Kapitlet är indelat i **Före**, som behandlar nervositet och anspänning. **Under**, som tittar närmare på hur du kan arbeta med kroppsspråk och ögonkontakt.

Sedan **Inledningen** på din presentation; hur du genomför den bästa starten och slutligen **Avslutning**, hur du avrundar din presentation på bästa sätt.

Före – nervositet och anspänning

Under mina föreläsningar inom pitch och presentation ställer jag ofta frågan; Hur känns det när du presenterar? Blir du nervös, anspänd? När frågorna ställs uppstår det för det mesta ett fnissande bland åhörarna, man skruvar lite på sig, men nej, så nervös är man ju inte, ja ibland... kanske.

Det är inget problem när jag frågar min grupp av åhörare, 9 utav 10 i rummet tycker nervositet inte är något bekymmer. Jag brukar likväl prata om ämnet och ge allmänna råd samt avslappnings- och fokuseringsövningar, som går att genomföra och ta med sig i sin vardagsrutin.

Efter mina föreläsningar brukar jag lämna tid för frågor och stannar också ofta kvar för vidare diskussioner. Det är då ämnet kommer upp igen. Alltid. Varje gång. "Jag blir så nervös, det är så obehagligt att stå framför andra och prata, jag vet inte hur jag ska få ordning på det." Då är det 9 utav 10 som faktiskt tycker att det är jobbigt, men att det är mycket svårt att erkänna det både för sig själv och framför allt inför andra.

Forskning har visat att det finns de som hellre skulle dö än att ställa sig upp och presentera inför en grupp åhörare. Att prata om det och hur vanligt det trots allt är skulle bidra till ökad förståelse och att fler skulle kunna få hjälp och så småningom kunna briljera som talare och presentatörer.

Att vara anspänd när du ska framträda inför andra människor är helt normalt. Skulle du inte vara det så vore det mindre bra. Det finns också de som aldrig blir nervösa eller anspända, men att så att säga "vara på tårna", ha lite nerver, inför ett framträdande bidrar oftast till att det blir lite vassare, mer fokuserat och faktiskt också blir till det bättre. Om däremot nervositeten märkbart drar ner din prestation och ger dig dåligt självförtroende, då är det dags att göra något åt saken.

Nervositet kan uppkomma när man minst av allt anar det och kan uppstå av många olika orsaker; du kan ha sovit dåligt, vara i konflikt med någon precis innan eller att du vet att det sitter någon speciell person bland åhörarna som är viktig för dig. Ibland kan du vara helt lugn och ibland kan nervositeten få det att gå överstyr; du upplever att du inte bemästrar situationen.

Det kan bli så för de allra flesta av oss någon gång. Vi upplever oss nämligen bedömda i situationen; att någon har åsikter om vad vi säger, hur vi säger det och hur vi för oss. Vi upplever att vi blir bedömda som den person vi är och inte som den yrkesman/kvinna, som vi faktiskt vill vara när vi genomför en presentation framför arbetskamrater, ledningsgrupp eller i något annat sammanhang. Men du anar inte vad tacksamma dina åhörare är, egentligen, för att det är just du som står där och pratar. För då slipper dem ju göra det själva.

Men för en hel del utav oss blir nervositeten för stor och för obehaglig, oavsett hur positivt man försöker tänka. Men det finns sätt att bota nervositet. Din andning, din kropp och din knopp hjälper dig.

Andningen

Du kan använda andningsövningar för många olika situationer. Det kan vara för avslappning, för att kunna fokusera, men också för att få en stabil talröst när du ska hålla tal och prata inför andra människor.

Din andning påverkar din röst och ditt tal och en god andning är grunden till en stabil talröst.

Vid stress och anspänning börjar vi nämligen andas ytligt och oftast endast med de övre delarna av lungorna och de fylls då inte på i sin helhet, ner i botten. Du andas då inte med hjälp av ditt stöd, det vill säga diafragman, utan det blir dina axlar som går upp och ner istället. Diafragman är den stora magmuskeln som spänner över magen och som fäster mellan dina skinkor. Den hjälper dig att få en naturlig andning och en stabil talröst.

När vi andas som vi ska, går magen ut då lungorna helt fylls med luft och sjunker ihop när lungorna töms på luft. Vid stress och anspänning andas vi helt enkelt inte tillräckligt mycket. Luften fyller inte våra lungor helt och hållet, utan vi får en hög och ytlig andning. Detta avspeglar sig i vår talröst som blir ljus, tunn och inte så bärkraftig. Ibland när vi börjar ett anförande och är nervösa känner vi inte igen vår egen talröst. Vilket kan medföra att vi blir ännu mer nervösa. Vilket i sin tur medför att vi andas ännu ytligare, och så vidare. Det blir en ond cirkel.

Ibland vid nervositet kan du även uppleva att du inte kan hushålla med din energi. Du kan bli trött, vilja gäspa och faktiskt bara vilja gå och lägga dig. Men det finns ett motsatsförhållande och det är att vara övertänd. Du har passerat den fina gränsen, där du känner att det ska bli roligt att stå inför gruppen till att du inte riktigt vet hur du har det med armar och ben. Du blir fnissig, spattig och får massor med överskottsenergi.

Det vill säga att det är så spännande så att du inte vill eller kan vänta. Du hoppar rätt in i det du ska göra, med följden att det inte riktigt blir som du tänkt dig. Är du ensam som talare blir det oftast bra ändå, men har du någon annan med i sammanhanget kanske den personen undrar varför du inte gör som ni kommit överens om. Gör du detta ofta, så antingen accepterar ni båda situationen och inser att det blir så här, eller så tröttnar den andra parten på att aldrig veta var hen har dig någonstans.

Att du blir övertänd är också helt normalt. Det kan hända alla någon gång. För en del människor varje gång, för andra bara ibland. Men det viktiga är att du faktiskt känner något. Det är bra att ha lite fjärilar i magen. Att inte känna någonting inför en prestation, som att stå inför en grupp och prata eller hålla föredrag kan bidra att du upplevs som blasé och ointresserad av din publik.

En del vill arbeta bort så mycket nervositet som möjligt och det finns andningsteknik, avslappningsrörelser och metoder för kroppsaktivitet för det. Andra vill få styr på sin risk för att vara övertänd, vilja för mycket i situationen eller sätta sin arbetspartner i en besvärlig situation.

Ta hjälp av din andning för att komma till rätta med din nervositet, oavsett vilken typ av nervositet du lider av.

Förberedelser

✓ Stå rakt, skaka kroppen lite lätt och sätt axlarna på plats. Blunda. Ta tre djupa andetag. Långsamt. Andas in genom näsan och ut genom munnen. Känn lugnet som sprider sig i din kropp. När du andas in genom näsan värmer du upp luften. Det går också långsammare att andas in från näsan, då vägen ner till lungorna är längre än via munnen. Långsam andning lugnar dig. Genom att du sedan andas ut med munnen tömmer du lungorna helt och hållet på luft och ny fräsch luft flödar in automatiskt när du sedan stänger munnen.

✓ Fortsätt att blunda. Lägg händerna runt naveln. Tummarna ovanför och handflatorna under naveln. Fortsätt att andas som tidigare och känn din andning. När du andas in går din mage, diafragma ut, och när du andas ut så sjunker magen, diafragman ihop. Du djupandas nu precis som man ska och som du gjorde från början när du var barn. Gör övningen 5 gånger.

Unna dig själv några minuter innan du ska framträda och fokusera på din andning. Du upptäcker då att:

- Du blir lugn, nervositeten släpper
- Din puls sjunker
- Kroppen syresätts och arbetar bättre
- Stress- och muskelspänningar reduceras
- Du upplever dig stärkt och kraftfull

Vid en presentation är din röst bland det vassaste och viktigaste du har. Din talröst utgör nästan 40% av hur din presentation uppfattas. Det är med rösten du övertygar, lockar och får din motpart med dig. I rösten kan dina åhörare skymta både nervositet och stress, men också stabilitet, glädje och lycka. Rösten är instrumentet som inger förtroende.

Som jag tidigare nämnde så avslöjar din andning din nervositet. Andningen blir vid nervositet ytlig, vilket bidrar till sämre röstkvalitet. Det resulterar i en ljus röst, som inte liknar din vanliga röst. Du känner inte igen dig själv. Många tror då att det är stämbanden som ska hjälpa till att öka styrkan i talet, så man tar i med halsen istället. Vad som händer är att du blir trött i rösten och hes.

Men det är inte i halsen och stämbanden det magiska sker. Det är med hjälp utav ditt stöd, den så kallade diafragman, din lungkapacitet, tunga och läppar som du kan tala starkt, mycket och länge. Stödet (diafragman) och lungorna kallas för andningsapparaten och tunga och läppar kallas för artikulationsapparaten på medicinskt språk. Stämbanden är det lilla verktyget, lika stort som en halv lillfingernagel, som bidrar till att du och hela övriga mänskligheten kan frambringa ljud överhuvudtaget.

Vill du bli lyssnad till? Vill du få genomslag för dina idéer?

Då är det din talröst du ska arbeta med.

Hur ska du då göra för att din röst ska höras bättre när du talar? Svaret på frågan är; använd din kropp. Kroppen har en fantastisk kapacitet och är din egen "Marshall amplifier", din egen högtalare. Rätt använd, blir du välartikulerad, hörs tydligare och starkare, du får pondus och dina åhörare får förtroende för dig.

Genom att tänka på hur du talar fångar du dina åhörare. Din presentation och ditt tal blir både roligt och spännande. Du skapar ett lugn omkring din person. Du blir någon som alla vill lyssna till.

Vill du veta mer om andningsteknik och hur din röst fungerar samt få fler övningar så hittar du det i min första bok; "Presentationsteknik är kropp, knopp och nerver." (2018)

Andning och artikulation

✓ Det handlar om att komma långt ner i kroppen med din andning, så att du får kraft från ditt stöd, diafragma, när du ska tala. Se tidigare övningar i hur du djupandas.

✓ När du djupandats 5 gånger börja med inledningen i din presentation till exempel: "Välkomna. Tack för att jag fick komma hit..." När du gör det här upptäcker du att du talar långsammare och lugnare automatiskt. Din talröst har också fått en någon mörkare klangfärg. Din andning har hjälpt dig att få en mer avslappnad och även mer auktoritär röst. Du tar befälet från första stund.

✓ För att höras behöver du artikulera väl, det vill säga ha aktiva läpprörelser. Det behöver du göra även om du har mikrofon. Läpparna är nämligen den sista kroppsdel som ljudet lämnar innan det far ut i rummet. Är du slapp i läpparna, blir du slapp i ditt tal. Titta gärna i en spegel, så att du tydligt ser hur du arbetar med dina läppar. Säger du till exempel bokstaven O, så ska också läpparna vara formade som ett O.

✓ Har du längre tid på dig, öva din presentation och experimentera med din röst; tala lågt och högt. Då får du ett grepp om hur din röst låter. Din presentation och ditt tal blir mer intressant och spännande för dina åhörare om du använder din rösts fulla kapacitet.

Under – kroppshållning och kommunikation

Inom presentationstekniken pratar man om hur många delar som egentligen utgör kommunikationen med dina åhörare. Över 50% av din presentation genomsyras av ditt kroppsspråk, din kroppskommunikation. Du sänder ut så många signaler med ditt kroppsspråk, så därför är det viktigt att tänka på din kropp och vad du gör av armar och ben när du står inför din publik.

Detta kan tyckas så enkelt. Så klart att vi vet att en ihopsjunken hållning ger intrycket av vekhet, hängighet och kanske till och med ointresse och att en upp- och utsträckt kropp signalerar självförtroende och makt. Problemet idag är att vi inte arbetar med vår kroppshållning. Utan att vi under stora delar av vårt liv sjunkit ihop i kontorsstolen, framför datorn, tittat i laptop och mobil och varit omedvetna om hur vi går och står. Men detta går att förändra!

Genom att skaffa dig en rutin kan du finna ett sätt att arbeta med din kroppshållning i din vardag, både utanför och i arbetet.

Tag din plats

✓ När du vaknar på morgonen och ligger kvar i sängen, det första du ska göra är att sträcka ut dig i hela din längd. Det bidrar till att du verkligen blir medveten om hur lång du är och att det är så du ska gå genom livet.

✓ När du når badrumsspegeln, sätt axlarna på plats. Dra dem lite bakåt. Sträck ut dig på bredden. Du vidgar bröstkorgen och det bidrar till att du tar den plats i tillvaron som är din.

✓ Se dig nu själv i badrumsspegeln och le. Vet att det inte alltid går och kan vara svårt. Det handlar inte om att livet alltid ska vara ett leende, men det kommer att hjälpa dig med din utstrålning. Försök att få leendet att träffa dina ögon.

Genom denna enkla morgonrutin har du nu påbörjat din väg mot bättre kroppshållning och utstrålning. Ge dig själv 2 minuter om dagen och du kommer att märka skillnad.

Så var det de här med ögonen, att ditt leende ska träffa ögonen. Ögonen är själens spegel brukar man säga och det stämmer. De visar mer än vad du tror. I dem ser vi sorg, ilska, nervositet, glädje, förväntan och mycket, mycket mer.

Med ögonen visar du hur du känner dig och när du presenterar och talar inför andra är det viktigt att ha det i åtanke. Fladdrande blick skapar osäkerhet och otrygghet hos dina åhörare. De ser att du är nervös och inte trivs i situationen.

Oavsett i vilket sammanhang du befinner dig, så ska du som presentatör uttrycka energi, positivitet och engagemang. Dina ögon och din blick hjälper dig. Titta gärna i en spegel så att du ser hur du gör och ditt spel med ögonen blir ett naturligt rörelsemönster.

Här får du tips på hur du kan öka din kommunikation med dina ögon samt hur du delar in ditt rum i delar. Tänk att du står i en amfiteater och har hela åskådarläktaren framför dig. Genom att tänka denna bild öppnar du upp ditt ansikte och din blick riktas utåt och uppåt. Du ser din publik.

Bilden och formen av en amfiteater hjälper dig också att minnas vad du vill få sagt. Till exempel, inled din presentation genom att fokusera på mitten i rummet. Övertyga genom att rikta dig till din högra publikhalva och ifrågasätt påståendet till din vänstra. Genom att fokusera på olika delar av din publik när du talar om olika saker, hjälper du minnet att komma ihåg vad du ska säga. Du blir friare i ditt tal och i din framställan. Publiken upplever en talare och presentatör som både rör sig fritt, tar in sin publik och kan bjuda på sig själv.

Ta in publiken

✓ Tänk dig en amfiteater och dela in den i 5 delar. Höger uppåt och nedåt, vänster uppåt och nedåt samt mitten. Genom den indelningen, så har du som talare möjlighet att bestämma dig för var du ska titta, så att du förmedlar upplevelsen att alla blir sedda.

✓ Använd det indelade rummet när du talar till din publik. Titta åt de olika hållen; uppåt höger, nedåt höger, mitten och så vidare. Låt din ögonkontakt följa med när du pratar. Avsluta en mening och låt dina ögon vila på dina åhörare, till exempel till vänster. Fortsätt prata och vänd dig nu åt ett annat håll. Då minimerar du risken att fastna med blicken på en åhörare.

✓ Tänk på att röra dig långsammare och låt bli att flaxa hit och dit med kropp och ögonkontakt.

✓ Ha glimten i ögat, brukar man säga. Le och låt ditt leende träffa ögonen. Du utstrålar då värme, glädje och dina åhörare ser en trygg och nöjd person framför sig.

Inledningen – när börjar presentationen?

Den börjar definitivt inte när du börjar prata. Den börjar in-
nan.

Din presentation tar egentligen sin början då salen eller rum-
met du befinner dig i börjar fyllas på med dina åhörare. De kom-
mer in med olika intentioner och förväntningar om vad ditt anfö-
rande ska handla om.

Det är då, du som föredragshållare, ska ta möjligheten att un-
der de första minuterna knyta kontakt med din publik. När du re-
ser dig, förbereder dig och tar ditt första steg på scenen, podiet
eller golvet framför din publik, så kan du som inledning prata med
dem, visa intresse för dem, fråga saker. Det kan vara kallprat; Var
det lätt att hitta hit? Hur gick resan, var det lätt att få parkering,
åka buss? Vad var det som fick dig att anmäla dig till den här ut-
bildningen?

Om det är en mindre lokal prata och gå runt i rummet om du
har möjlighet. Skulle det vara en större sal, prata med dem som
sitter längst fram. Visa dig intresserad.

Vad är då så speciellt med denna stund? Här får du några för-
delar med att arbeta på detta sätt.

Skapa förtroende

✓ Det hjälper inte bara dig att komma in i ämnet, utan även dina åhörare. De får en bild av dig, ett första intryck, där du har möjligheten att öka ditt förtroendekapital.

✓ Det hjälper dig också att kontrollera så att tekniken fungerar. Den hjälper dig att höra din egen röst i högtalaranläggningen och att det går att anpassa ljudvolymen till en behaglig nivå.

✓ Det hjälper dig att utnyttja din talartid på bästa sätt. Att kontrollera ljudet precis när du ska börja kan bidra till att värdefull talartid går förlorad samt att det kan öka din nervositet om det inte skulle fungera.

✓ Det hjälper dig att minimera din anspänning och nervositet. Du och dina åhörare har fått "känna på varandra" och genom det är situationen avdramatiserad.

Det finns även en regel du kan använda dig utav när du precis har påbörjat din presentation eller ditt tal. Den kallas 30 - 90.

30 - 90 regeln handlar om tiden, sekunderna. Tiden det tar för dina åhörare att landa in i rummet och börja lyssna på dig. Det tar ungefär från 30 sekunder till en och en halv minut innan åhöraren har satt sig, stängt av mobilen, tagit in rummet, kanske plockat fram anteckningsmaterial och är närvarande i stunden. Det tar denna tid att fokusera på dig och det ämne som du ska tala om.

För in dina åhörare lugnt och sansat i ämnet. Det kan vara genom att ställa en fråga eller berätta en kort historia.

Om du startar din presentation med att gå rakt in, snabbkontrollera tekniken och med en gång presentera dig vid namn, så lär hälften av de församlade ha glömt vad du heter. Helt enkelt för att de inte har hunnit att fokusera på att de är där. Ännu värre är det om du är en i raden av flera talare. Då är risken stor att du blir en i mängden som talade i ett intressant ämne, men som ingen kommer ihåg namnet på efter dagens slut.

Så pröva 30 - 90!

Använd dig av 30 - 90 regeln och ...

✓ Du får god publikkontakt och ger ett gott första intryck.

✓ Du kommer att minimera din egen stress inför uppgiften då du fokuserar på dina åhörare och får dem att känna sig deltagande.

✓ Du får deltagarna med dig i ämnet från början, de är koncentrerade och närvarande. De minns dig och ditt ämne mycket bättre.

30 - 90 sekunder kan tyckas som en hel evighet i tid räknat. Hur lång tid som används beror självklart på var, när och hur du ska tala och presentera. Har du ett kortare anförande så blir naturligtvis din inledning kortare. Då har du inte tid att småprata i 90 sekunder med din publik. Berättar du en kort historia, se till att den komparerar med det ämne du ska tala om. Ställer du en fråga till publiken, låt svaret bli kort. Kommer det ett långt svar från en pratglad person, avbryt artigt med att tacka för input och att du gärna fortsätter diskussionen efter föreläsningen. Personen känner sig då både sedd och hörd.

Det viktiga är att du tar dig tiden i början; att kasta sig in, över och på ämne och publik medför bara att din presentation upplevs som stressfylld. Så ta dig tiden, det vinner du på i längden.

Avslutning – avrunda din presentation

Du har nu hållit din presentation och nu kommit fram till avslut. Många gånger så är detta du ägnat minst tankeverksamhet åt; det löser sig, resonerar många och det går alltid att avsluta med frågor. Att lägga frågestunden sist kan vara praktiskt, då du vet att du kommit igenom din presentation eller föreläsning utan avbrott och distraktion.

Att avsluta snyggt bidrar till att du uppfattas som ett presentations- och talarproffs. Men det finns några saker du bör undvika och några saker att tänka på.

Undvik det här:

✓ Låt bli att avsluta med CTA - call to action, till exempel rabatter och erbjudanden. Alla sitter och väntar på det och din fina presentation riskerar att bli "säljig". Att avsluta med CTA är så vanligt numera, så gör det hellre tvärtom, inled med vad du erbjuder, alternativt väv in det i din presentation.

✓ Låt bli att säga; "Jaha, det var det här jag ville säga." Låter osäkert och oprofessionellt. Allra sämst blir det om du också slår ihop händerna, vilket signalerar att du är jätteglad att presentationen är över.

Tänk på detta:

✓ Repetition är kunskapens moder, sägs det. Avsluta med en sammanfattning i tre punkter. Punkterna ska vara korta och koncisa. Det kan vara korta meningar eller enbart ord och benämningar.

✓ Avsluta gärna med ett kort citat som innefattar andemeningen i det du vill få sagt. Du signalerar kunskap; du har associerat ditt ämnesområde med ett angränsande område. Citatet ska komplettera ditt budskap.

✓ Berätta vad åhörarna kan nå dig för att få mer information. Är det via mejl, webbsida, podd eller blogg samt vilka sociala medier det går att knyta kontakt med dig på.

✓ Du ska alltid ha tid över för frågor. Är det avtalat att din presentation är 30 minuter så gör du en presentation på 20 - 25 minuter. Då har du lämnat tid för frågor.

När du är färdig, låt bli att värdera din presentation. Det finns alltid något att förbättra. Ge dig själv en klapp på axeln för vad du åstadkommit. Det är du verkligen värd.

3. Talet

I det här kapitlet får du massor av råd och tips för ditt tal. De är till för att hjälpa dig oavsett vilken typ av tal du kommer att hålla.

Ett tal är ett anförande inför en skara åhörare. Det kan vara allt ifrån improviserat till mer eller mindre väl förberett. Retoriken är läran om talekonsten och sedan dess begynnelse under antiken har man kunnat urskilja framförallt tre typer av tal:

- Det rättsliga, med tal i domstol, försvarstal och anklagelsetal.
- Det politiska, såsom inför råd och beslutsfattare.
- Det ceremoniella talet, vilket är i sin tur är uppdelat i smädes- respektive lovtal. Det sistnämnda används vid begravning, bröllop och andra högtider.

De allra flesta av oss använder det ceremoniella talet.

Visst är det trevligt med talare som kan improvisera, vara både roliga och spirituella. Det går an att improvisera i tal och vara rolig vid glädjehögtider, men vid begravning krävs det en fingertoppskänsla av vad talet bör innehålla och inte. De allra flesta utav oss vill också ha kontroll på vår situation när vi talar, då vi ofta håller tal inför nära och kära. Det kan vara mycket mer nervöst och anspänt att tala inför familj och vänner än för de vi inte känner.

Somliga vill bara ha några enstaka ord eller stolpar nedtecknade som stöd och andra vill ha sitt tal nedskrivet helt och hållet. Oavsett vad du gör, så är det viktigaste att du gör det som du känner dig bekväm med.

Det här kapitlet ger en överblick över vad ett tal egentligen innefattar, med början vid talskrivandet för att sedan följas av själva förberedelsen, talet i sig med röst- och kroppsspråk till nervös väntan och att den som vågar vinner.

Förarbetet inför ditt framförande är bland det allra viktigaste. Du kan behöva skriva ner vad du vill få sagt, så därför börjar vi med talskrivandet.

Det finns många tips och råd på detta område, men här får du de allra enklaste, men nog så viktiga, för att komma igång med ditt talskrivande. De hjälper dig att hålla ihop texten och det i sin tur hjälper dig att minska din anspänning när det väl är dags att hålla ditt tal.

Ditt innehåll

✓ Bestäm dig för vad du ska tala om. Här gäller "kill your darlings". Allt kan inte vara med, välj ut något speciellt minne, utgå från det och ha det som en röd tråd i ditt tal. Ta dig tid till ett riktigt samtal med någon som känner den person du ska tala om. Då får du möjlighet att göra talet mer personligt och med värme.

✓ Ett tal behöver inte vara så långt. Hellre kort och kärnfullt. Viktigaste delarna i talet är din start och ditt avslut. Starten kan vara; "Nu ska jag berätta...", eller "Tänk, så länge sedan det var..." Starten på talet ska fånga åhörarna. Du kan avsluta talet med det du började med, knyta ihop det med. Till exempel "Tänk så länge sedan det var, för mig/oss är det som det var igår..."

✓ Skriv ner ditt tal för hand. Flera gånger, om och om igen. Det gör det enklare för dig att minnas och du kan då lättare släppa dina anteckningar och talarkort när det är så dags. Öga - hand - penna.

Förberedelsen

Du har nu skrivit ditt tal och nu behöver du ta dig tid för att öva. Speciellt om du vet med dig att du lätt blir nervös och anspänd. Den engelske komikern och författaren John Cleese lär ha sagt att nervositet bäst motverkas genom att öva, öva och åter öva. Men det är ju inte alltid den tiden finns.

41

Här kommer råd som kan hjälpa dig att våga tala och stå inför andra människor och att du känner en trygghet i det. Tryggheten ger dig självförtroende och det i sin tur gör att din publik uppfattar dig med auktoritet.

Öva

✓ Förbered dig framför en spegel. Titta på dig själv och känn in vilka rörelser och mimik som du är bekväm med. Använd dem.

✓ Har andra människor åsikter om hur du uttrycker dig och ditt kroppsspråk? Är åsikterna relevanta och kommer från någon som vill dig väl och kan stötta dig på vägen - lyssna på dem. Annars ska du sluta bry dig.

✓ Ta alla chanser och möjligheter innan du ska hålla ditt tal att prata inför en grupp. Det kan vara i vilket sammanhang som helst. Ju mer du får träna, desto bättre och mer professionell blir du. Övning ger färdighet.

Nu är det dags

Nu är det dags att hålla talet till din dotter, son, vänner eller släkt. Du har fått ordning på din text, bra inledning, något gemensamt minne eller händelse och ett snyggt avslut. Du har övat och övat. Men om du nu har övat, men inte tycker det hjälper, finns det några andra knep att ta till? Ja, det finns det!

Det brukar vara så i de allra flesta sammanhang att det finns en toastmaster vid festen, som ska styra talarordningen. Den personen är det bra om du pratar med innan, så du vet när det är din tur. Då är du bättre mentalt förberedd.

I skarpt läge

✓ Ta tid på dig, res dig upp från stolen och andas under tiden, djupt. När du djupandas blir du lugn och avslappnad. (Se tidigare andningsövningar i kapitlet om Presentation).

✓ Börja med att titta på din publik, se dem, le mot dem. Börja inte talet förrän du själv är beredd. Du tycker att detta tar lång tid, men det gör det inte. Det är inte bråttom.

✓ Ska du prata i mikrofon så låt bli frågan; Hörs jag? Det är alltid någon som hojtar Nej! och sedan kan nervositeten över att det tekniska inte fungerar ta överhand. Börja med en mening, "God kväll, vilket fantastiskt väder vi fick idag." Genom att göra en inledning som inte är ditt tal, hör du dig själv i rummet. Du får en uppfattning om hur du hörs och hur nära du behöver prata i mikrofonen. Dina åhörare leds in i ditt tal. Din nervositet reduceras genom att du inleder med en trivialitet, sorlet i rummet lägger sig och åhörarna blir fokuserade.

Oavsett om du pratar i mikrofon eller inte, så är din talröst det som först fångar publikens intresse. Tänk på att när du övar, att du ska öva med ett varierat röstläge. Du kan laborera med stark respektive svag röst, pausera, använda olika dialekter som humoristisk effekt och vara varm och sensuell med en något luftigare röst. Här kan du också lägga märke till att när du ska berätta något mycket spännande så går din röst ned i tonstyrka och volym. Medan skratt och glädje ökar din tonstyrka och röstvolym.

Genom att du övar och lär känna din talröst innan, så får du kontroll på den. Här kommer några råd som hjälper dig på vägen till ett lysande tal.

Arbeta med rösten

✓ Variera ditt röstläge och betona de ord som är viktiga. Talar du för monotont finns risk att din åhörare uppfattar ditt tal som tråkigt, slutar lyssna och missar dina poänger.

✓ Pausera när du talar och gör en paus precis innan du ska säga något viktigt eller när du byter ämne i ditt tal. Då skapar du spänning och intresse.

✓ Variera din tonhöjd i rösten, då talar du med äkta känsla. Du blir trovärdig och attraktiv att lyssna till.

När du övar framför spegeln som tidigare nämnts, öva med de gester och den mimik som passar dig. Är du en återhållsam person kanske du väljer att lägga mer fokus på att få rätt talröst. Är du en mer extrovert person följer säkert ditt kroppsspråk med när du talar. Vilket för det mesta är positivt.

Här får du några råd som du kan tänka på när det gäller ditt kroppsspråk, oavsett om du är återhållsam eller mer extrovert:

Arbeta med kroppen

✓ Låt bli att vifta med armarna. Det ger motsatt effekt. Din attraktionskraft som talare går förlorad. Var måttfull med din gestik.

✓ Låt bli att ha händerna i byxfickorna. Det signalerar nervositet. Håll dina talarkort/din text i ena handen och låt den andra handen förstärka vad du säger.

✓ Låt bli kroppen. Pilla inte i ansikte, näsa, ha fingrarna vid munnen eller klia dig i håret. Det signalerar osäkerhet.

✓ Ett leende hjälper dig att ta dig in i din komfortzon. Le och du känner glädje och förmedlar trygghet. Du får förtroende som talare.

Att vara talare på en större tillställning kan både vara väldigt roligt, men också nervöst. Det är ofta flera talare och underhållare under kvällen. Att vänta på sin tur kan vara en utmaning.

Hitta lugnet

✓ Se på dig själv som en del av arrangemanget. Utan dig skulle en del fattas. Det minimerar din nervositet.

✓ Ge dig hän och lyssna till övriga medverkanden. Det medför att du befinner dig i nuet och inte hinner stressa upp dig för din egen medverkan.

✓ Om du står upp och väntar på din tur, se till att inta en bekväm ställning. Stå gärna med benen lite brett isär och armarna utmed kroppens sidor. Då står du stadigt och stabilt. En ihopsjunken kropp och korsade armar över bröstet har motsatt verkan, du blir spänd och förlorar din kraft.

Att våga tala - några sista ord på vägen

Året är fullt av högtider där det lämpar sig att hålla tal. Men det är oftast samma personer som gör det. Det är den person som vågar och vill, tycker om att vara i centrum, har de bästa ordvitsarna och kan skruva till gemensamma minnen på ett härligt humoristiskt sätt.

Du kanske får frågan om du skulle vilja hålla ett tal, eller du kanske skulle vilja kunna vara spontan och prata inför din son eller dotter på födelsedagsfesten. Du har kanske mycket du vill säga, men får ingen ordning på texten. Du vill, men tänker; det här går aldrig, jag kommer att bli för nervös, jag gör bort mig.

Låt inte dessa tankar slå rot i dig. Här gäller det att våga. Våga göra fel, säga fel och bjuda på sig själv. Födelsedagsbarnet, sonen eller dottern kommer för alltid att minnas att du tog mod till dig och höll det där talet. Väldigt få kommer ihåg vad som egentligen sagts, men känslan av att du gav något utav dig själv i detta sammanhang sitter kvar.

Våga vara dig själv

✓ Först av allt; oroa dig inte. Dina åhörare har överseende med att du är nervös i situationen. Le, ta befälet och njut.

✓ Tala tydligt och långsamt. Artikulera väl, så uppfattas din röst som starkare och du hörs bättre.

✓ Pausera i talet. Det du vill få sagt går fram mycket bättre till dina åhörare. Talet upplevs också som längre.

✓ Var engagerad. Visa att du tror på det du säger. Njut i stunden och känn omgivningens lycka.

✓ Hellre ett kort och koncist tal, än långt och långsamt eller inget alls.

4. Tekniken – varför satsa på de 7% ?

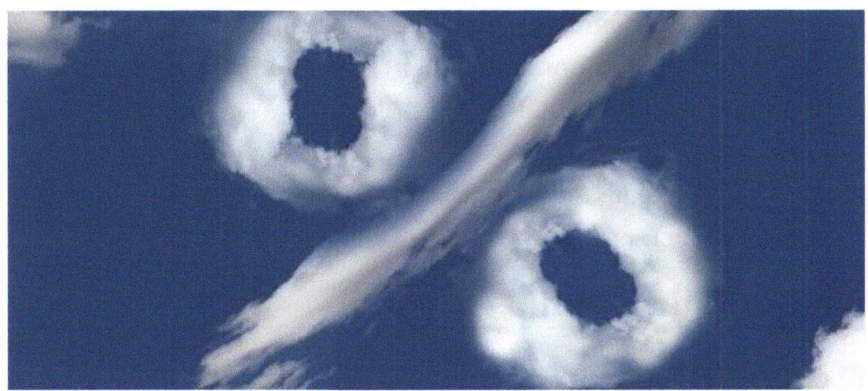

Doktor Laura Sicola, grundare av Vocal Impact Productions menar att vid en presentation är 38% ditt röstuttryck, 55% är ditt kropps- och ansiktsuttryck och 7% är resten. Detta kan vara PowerPoint, film eller något annat du visar upp.

Varför ägnar vi då den mesta tiden åt resten? Varför nöja sig med 7% när det finns 93% att ta hänsyn till?

För att få ditt budskap att fästa behöver innehållet och sättet det förs fram på både komparera med varandra samt vara tilltalande. Din presentation består av tre delar. Den första är din talröst med bland annat din satsmelodi och tonhöjd. Den andra ditt kropps- och ansiktsuttryck med gester och mimik.

I det här kapitlet ska vi gå igenom den tredje delen och hur du på bästa sätt kan utnyttja de 7% som forskningen anser vara den del som har minst betydelse för ditt framträdande.

Genom att använda dessa 7% maximalt kan du briljera med ditt bildspel, film eller vad du väljer att visa din publik. Vi ska även gå igenom vad du behöver tänka på när tekniken fallerar, vilket inte är så ovanligt. En annan smått irriterande och stressframkallande situation är när du är sist i en lång rad av talare och att de som presenterat innan dig faktiskt också tagit av din talartid. Hur ska du då förhålla dig till din publik och det fina bildspel du lagt så mycket möda och kraft på?

Varje tillfälle är unikt

Vi utgår ifrån att du kommer att använda bildspel, till exempel en PowerPoint presentation. De allra flesta av oss startar då i sitt program på datorn och börjar arbeta fram ett bildspel därifrån. Många gånger använder vi samma bildspel med samma bilder och samma bullets gång på gång. Vi tycker inte vi behöver ta fram nytt material, utan upplever att vi sparar tid på detta sätt.

Men det finns en risk att du får för många slides om du börjar ditt arbete direkt i ditt PowerPoint program. Det blir svårt att hålla reda på hur många bilder du gör och hur många bilder du egentligen skulle behöva. Du arbetar säkert också om bildspelet ett flertal gånger under förberedelsens gång för att passa just det specifika tillfället. Risken ökar då att du lägger till ännu fler bilder.

Ibland för att spara tid, så låter du gamla bilder ligga kvar och tänker att; de bläddrar jag över när det är dags alternativt använder funktionen hide i bildprogrammet. Detta sätt att arbeta är det allra mest vanliga när vi har fått i uppgift att hålla en kortare eller längre dragning och presentation av något slag.

Istället för att börja ditt arbete direkt i bildprogrammet, ta fram ett vitt papper och ställ dig frågorna, som du gjorde i kapitlet om själva presentationen:

- Vilka är min målgrupp?
- Vad vill jag uppnå, vilket resultat vill jag få med min presentation?
- Vilken information behöver min målgrupp?
- Vilken information behöver de inte ha denna gång?

Genom att ställa dessa frågor och rita upp på ditt papper vad du vill få sagt kan du minimera antalet slides och vara mitt i prick med din information till din målgrupp. I vår informationstäta värld är det guld värt.

Du ser också exakt vilka bilder du kan återanvända från tidigare presentationer och vilka som ska bort. För bort ska de! Ha aldrig gamla bilder kvar i din presentation. Att klicka bort dem under presentationens gång och säga att de inte ingår denna gång medför att du kan upplevas som en "återanvändare" och som inte varit villig att lägga ner tillräckligt med arbete på en snygg och professionell PowerPoint. Att klicka bort inaktuella bilder bidrar också till att du kan upplevas som ofokuserad och din presentation upplevs som rörig. Det tär på ditt förtroendekapital som föreläsare. Åhörarna kan också börja undra varför de inte får ta del av alla dina bilder och vad du eventuellt undanhåller dem för information.

Många använder funktionen "hide" i bildprogrammet, vilket betyder att bilden hoppas över, göms, vid presentationen. Det är en bra funktion att använda, men vill du ha både språkligt och visuellt flyt i din presentation är det bättre att lyfta ur bilden, alternativt lägga den sist med några tomma slides emellan. Du vet då exakt vilka bilder du har och i vilken ordning de kommer.

Men tänk på att det är frågorna som du ställer till dig själv i din förberedelse som gör skillnad.

Bullets kill!

Bullets kallas de prickar, pilar eller punkter du använder framför din text när du räknar upp saker i din PowerPoint, så kallade punktlistor. Att använda punktform för att förklara något är i sig inte fel. Det kan bli väldigt tydligt för åhörarna, men också, om du inte ser upp, väldigt otydligt.

Så här ligger det till; ju fler bullets du har på en slide, desto sämre går din information fram. Din publik börjar läsa och fota din slides istället för att lyssna på dig. Mycket av det du vill få fram går förlorat och åskådarna kan uppfatta dig som överflödig och tycka att får de bara tillgång till dina bilder, så har de förstått vad din presentation går ut på. Så du kan då också få frågan om de kan få dina slides. Du lämnar kvar din presentation, men inte ett långvarigt intryck utav dig själv. Inget kan vara mera fel. Du är din presentation. Det är i den du får möjlighet att visa vilket proffs du är på ditt område. Missa inte den chansen!

Så använd funktionen med eftertanke. För mycket utav denna vara dödar din presentation.

Effektivt bildspel

✓ Använd inte dina bullets som ett manus för att komma ihåg vad du vill få sagt.

✓ Ditt bildspel ska förstärka ditt budskap. Låt bli text och långa punktlistor. Illustrera med attraktiva och relevanta bilder/foton på människor, produkter och tjänster. Då skapar du intresse och får ditt budskap att fästa betydligt enklare.

✓ Låt bli att ha din logotype på varje bild. Du behöver inte ha din logga på alla dina slides när du presenterar. För mycket text och logotypes som inte hör till din presentation skapar för många synintryck för dina åhörare. De vet vem du är och var du kommer ifrån. Inled hellre bildspelet med en företagssida och avsluta med dina kontaktuppgifter. Låt då den sista bilden ligga kvar, lääääänge, så att du syns.

✓ Genom att du använder bilder/foton istället för bullets och mycket text, uppmuntrar du åhörarna att anteckna istället. Som åhörare lär du dig mycket bättre då din hjärna kopplar ihop bilden med dina anteckningar och det hjälper dig att komma ihåg.

✓ Vill du ändå ha bullets och textmassor och känner att det är din grej, så använd din klicker och klicka fram ett budskap i taget under tiden du pratar. Då går ditt budskap hand i hand med vad du talar om. Åhörarna får också till sig informationen på ett mer pedagogiskt sätt, lite i taget.

Någon snodde min tid!

Är du en i raden av flera talare är det ganska vanligt, tyvärr, att talartiden inte hålls. Om inte moderatorn eller den/de som leder arrangemanget, visar på ett tydligt sätt vad det är som gäller kan det börja dra iväg i tid redan från start. Det kan vara svårt att påpeka detta, för du vill ju inte vara "klagolåten" i det hela, utan du fixar ju din presentation i alla fall. Du kan ju alltid prata fortare, eller hur?

För det första - ha respekt för dig själv!

Har du råkat ut för att du är en av flera som ska presentera vid ett och samma tillfälle och att för varje föredragshållare som pratat, så har ni halkat efter tidsmässigt i programmet, så tänk på dig själv.

För när det är din tur, så får du inte den tid som det var tänkt för din presentation. Så vad ska du göra? Drar du ner på din presentation, minskar antalet slides genom att hoppa över dem? Pratar du fortare? Ursäktar du dig med att; "Tyvärr nu räcker inte tiden till, så jag kommer att prata lite mer övergripande om detta och detta" och börjar bläddra och hoppa över i dina PowerPoint bilder. Något som vi tidigare är överens om är ett stort NEJ.

Så varför gör du så mot dig själv?

Din presentation som du har förberett är väl lika viktig som någon annans?

Det handlar om respekt. Respekt både för alla de som är föredragande, för dig själv men också för publiken.

Vad bör du då göra?

Ta befälet

✓ När du startar din presentation, tala om för åhörarna hur lång tid du ska prata. Då vet dem vad dem har att förhålla sig till.

✓ Var tydlig med att om någon i publiken behöver gå innan du är klar så är det ok, men att du kommer att ta din tid.

✓ Har du fått information om att du har 30 minuter till ditt förfogande, gör en presentation på 22 - 23 minuter. Lämna alltid tid för frågor för de tar ofta längre tid i anspråk än vad man tror.

✓ Visa att du är ett proffs; repetera in din presentation, ta tid på den så att du ser att du håller tiden, även om inte andra gör det. Agera föredömligt.

Visar du att du kan agera professionellt i den här situationen får du både dina föredragande kollegors och publikens respekt. Alla vill lyssna till ett proffs.

Proppen går eller kabeln grävs av

Du har en mycket viktig presentation. Du ska äntligen få presentera din produkt eller tjänst. Din iver blandas med glädje, skräckblandad förtjusning och förhoppning inför situationen, för man vet ju aldrig vad som kan komma ur den. Din önskekund kanske sitter i rummet.

Du har förberett dig med bra bildmaterial och du har övat och övat. Du tycker att det sitter som det ska. Du kommer till föreläsningen i god tid för att se så att tekniken fungerar och när ni provar är allt som det ska vara.

Tills det är dags....

Det är då det händer; kabeln grävs av, proppen går och tekniken fallerar. Vad ska du göra?

Vad som händer där och då ligger i din förberedelse. Hur mycket hängslen och livrem du utrustar dig med bestämmer du naturligtvis själv, men du måste ställa dig frågan i förberedelsearbetet; Ska jag ha någon plan B om tekniken inte vill fungera eller om något annat inträffar? Mitt enkla svar är JA.

Här kommer 7 tips på hur du kan förbereda dig, agera och tänka som ett proffs om och när tekniken fallerar. Det är dina förberedelser som hjälper dig på vägen.

Katastrofberedskap

✓ När det händer, andas djupt några gånger, slappna av och tänk: Jag är professionell och hanterar det här.

✓ Gilla läget, le och passa på att tacka för att du blivit inbjuden. Tala inte om hur jobbig situationen är, "Hade bara bildspelet fungerat hade ni fått en mycket bättre presentation". Publiken förstår att du är nervös, arg och irriterad.

✓ Pröva tekniken några gånger, fungerar det inte, övergå till att prata ändå. Annars förlorar du värdefull tid.

✓ Förbered dig genom att alltid ha ditt manus utskrivet med text och bilder. Fallerar tekniken kan du prata i alla fall, du vet vad du ska säga och i vilken ordning det ska vara.

✓ Du kan också skriva ut några slides i förväg, vars budskap du tycker är extra viktigt och dela ut dem till åhörarna.

✓ Är det många åhörare, lägg ut några A4 papper med pennor och be att få sända bildspelet i efterhand. Då får du också möjlighet att få in kontaktuppgifter till presumtiva kunder.

✓ Agera som ett proffs - ta hjälp av en whiteboard, rita, berätta eller varför inte ta hjälp av publiken. Med en grupp människor kan du till exempel illustrera procent, delar, motsatser och storleksförhållanden. Att publiken får interagera med dig är det bästa som kan hända. Publik älskar att få vara med.

Grip stunden och fånga ögonblicket

Ibland behöver vi gripa stunden, fånga ögonblicket och ta den möjlighet vi får. Vi behöver då åtminstone låtsas som om vi var förberedda.

Tänk att du befinner dig i ett sammanhang där du får möjligheten att göra en pitch. Du blir erbjuden att snabbt säga något om produkten eller tjänsten, men.... Du har inte din dator med dig. Du vet också att just de människorna och organisationerna du vill få kontakt med sitter i rummet. Du har här din chans att göra något riktigt bra och intresseväckande, som gör att du sedan lätt kan ringa upp och prata vidare. Att då kanske inleda med att "Ja, jag kan göra ett försök… jag är inte så förberedd" eller "Nu har jag inga bra bilder att visa, men det får väl gå…" är verkligen mindre bra.

Du börjar prata, men upplever efteråt att du inte fått sagt det väsentliga. Du tycker du har svamlat och efteråt bannar du dig själv för att du inte var bättre förberedd. Tänk om du hade haft den där inövade pitchen och tänk vad ännu bättre det hade varit om du fått visa några bilder av din idé.

Men du har väl din mobil med dig? Eller…?

Var beredd

✓ Ha alltid en aktuell presentation med bildspel alternativt bilder i molnet att visa upp.

✓ Bär med dig en adapter till mobilen och du är på banan. Du kan presentera med snyggt bildspel, när, var och hur du vill med din mobil.

Du kommer att bli ihågkommen, både för ditt galanta sätt att kunna presentera, men också för att du var förberedd, greppade stunden och tog möjligheten.

Bildspelsträsket

Det här kapitlet har ägnats åt det som många kallar "bildspelsträsket". Ingen vill ju vara där, men det är ändå så lätt att hamna i den situationen. Många anser att bildspelet endast är till problem och bidrar till en tråkig och förutsägbar presentation. Men tänk efter före istället och bestäm dig för hur du skulle vilja framställa dina bilder. Det är bara din fantasi som kan stoppa dig. Men glöm inte att i en presentation är det du själv som har huvudrollen, med din röst, kroppsspråk och då ska ditt bildspel vara i samklang med det.

Om det nu är så att ett bildspel hjälper dig och att du känner dig trygg i det, så behåll det. Tag chansen att göra ett så bra bildspel som möjligt och ta vara på dina 7%. Lägg ner lite tid i förberedelser och se till att du får briljera och visa dig från din allra mest professionella sida. Du kan bli stjärnan på PowerPoint-himlen.

Till sist

Jag hoppas att du genom den här boken har fått vägledning, tips och råd i hur du kan förbättra dig inom pitch, presentationsteknik och att hålla tal. Vi sneglar ofta på vad andra människor i andra delar av världen gör och tycker också ofta att; så bra kan inte jag bli. Men det kan du visst! Men det kräver vissa saker utav dig.

Här kommer avslutningsvis några råd om hur du startar din väg till att bli en lysande föreläsare och talare.

Om du oroar dig för att stå inför andra människor och tala så börja med att fråga dig själv; vad är det värsta som kan hända? När du har tänker efter, så är det inte så farliga saker. Att våga göra fel, begå misstag bidrar till att du växer och vidgar dina vyer. Du ökar också din förståelse för andra människors misstag och tillkortakommanden.

Att titta på hur andra presenterar kan leda dig in på två spår. Det ena är det negativa, där du irriterar dig, recenserar, tycker och tänker, oftast negativt om din motpart. Det andra spåret är att du inspireras, får ny kunskap och genom det får möjligheten att flytta fram dina egna positioner. Fokusera på det andra spåret. Ta möjligheten att gå på, titta och lyssna på andra föreläsare. Låt bli att recensera. Titta istället på hur de arbetar med sin röst, kroppskommunikation och vilket bildmaterial de använder. Notera endast det du tycker är bra. Låt bli att skriva ner det som inte tilltalar dig. Nästa gång du själv ska föreläsa och presentera plocka fram dina anteckningar och låt dem bli din lathund för ditt eget framträdande.

Slutligen frågar du dig själv; kan jag göra detta utan att ta fram skämskudden? Här gäller det att bjuda på sig själv. Ju mer du bjuder på dig själv, desto mer autentisk blir du. Människor omkring dig finner att du inte bara kan släppa loss, utan också att du är en person som vågar göra saker och kanske inte alltid enligt gängse manual.

Det finns dock en viktig sak du behöver göra och det är att lägga ner tid på dig själv. Ge dig tid och du blir lysande.

När det kommer till att utöva idrott, musik, språk eller något annat ämne inser vi att vi behöver avsätta tid för att bli riktigt bra. Detta gäller också när det kommer till att pitcha, presentera och hålla tal. Satsa tid på att öva, så når du ditt mål betydligt snabbare.

Lycka till på din väg mot att bli en fantastisk pitchare, presentatör och talare, som får sitt budskap att fästa!

Vill du veta mer?

Du är välkommen att titta in på www.pik.nu för att läsa mer om pitch, presentation och att hålla tal.

Där hittar du föreläsningar, utbildningar och workshops samt individuell coaching.

De andra böckerna som behandlar delar av presentationsteknikstårtan finner du via nedanstående länk:

http://www.pik.nu/utgivna-bocker